Le français en

J. Olivier • L. Falais

EUROPEAN LANGUAGE INSTITUTE

© 1996 - **ELI** s.r.l. - European Language Institute
B.P. 6 - Recanati - Italie

Illustrations: Elena Staiano

Réalisation: J. Olivier - L. Falais

Imprimé en Italie par Tecnostampa - Loreto (AN)

Toute reproduction de cet ouvrage, par quelque procédé que ce soit, photocopie, photographie ou autre, est formellement interdite -même pour un usage didactique ou personnel- sans l'autorisation de la maison d'édition ELI.

ISBN   88 - 8148 - 103 - 0

Utilise le code secret et découvre le message 3

SALUT!

4 Relie les questions et les réponses

Es-tu en vacances ?

J'ai 10 ans.

Comment t'appelles-tu ?

Oui.

Quel âge as-tu ?

Je m'appelle Robert.

D'où viens-tu ?

Je viens de Paris.

Maintenant, réponds aux questions 5

COMMENT T'APPELLES-TU?

QUEL ÂGE AS-TU?

D'OÙ VIENS-TU?

OÙ HABITES-TU?

6 Colorie les ballons

- rouge
- jaune
- bleu
- violet
- gris
- vert
- rose
- noir
- orange
- marron
- blanc

Écris les noms des couleurs dans la grille 7

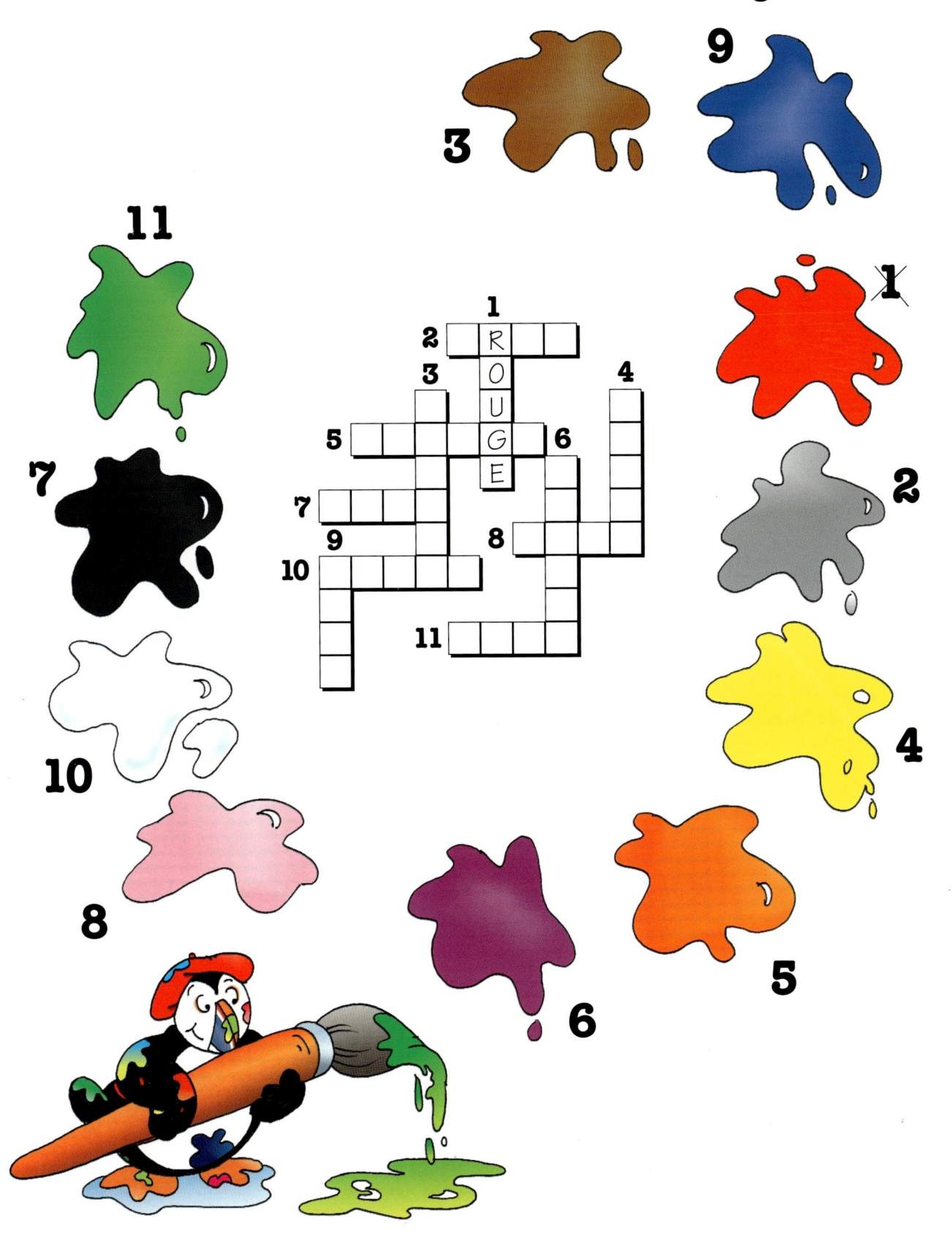

8 Qu'est-ce que c'est? Pour le savoir, utilise le code secret de la page 3

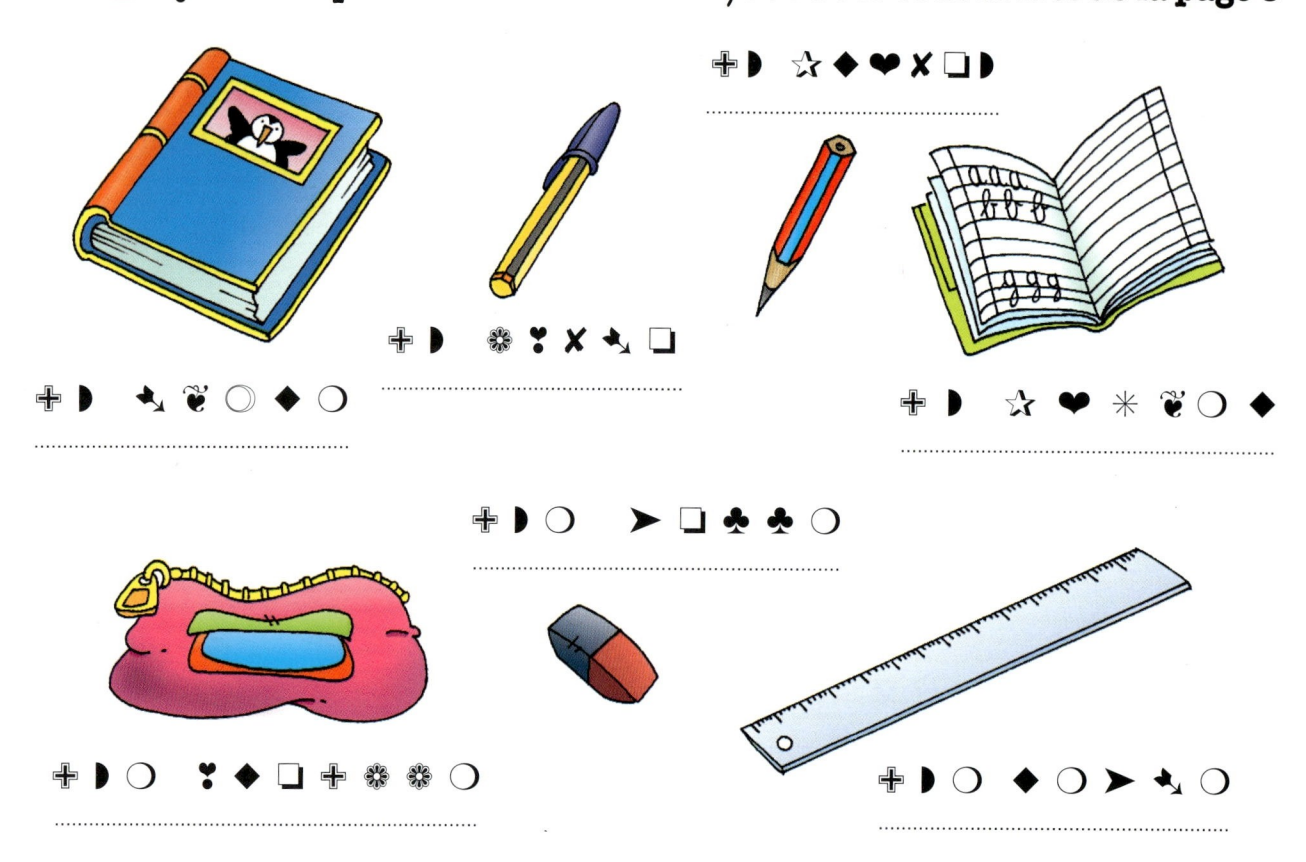

Maintenant, retrouve ces mots dans la grille

```
A I R U T R O U S S E G C E
B O Y L N A G O Z S T Y L O
E E R M N I O U G L P S D E
U G O M M E L R S P O L I M
C R A Y O N A E R T U I C F
S A L T U P I G E R R V E S
C H A H I E R L L U G R O D
I U E C A H I E R E R E M N
```

Relie les chiffres et les lettres 9

huit
six
sept
dix
trois
un
deux
onze
quatre
neuf
cinq
douze

Et maintenant...

Colorie le numéro un en jaune
Colorie le numéro trois en rouge
Colorie le numéro cinq en bleu
Colorie le numéro huit en rose
Colorie le numéro dix en orange
Colorie le numéro deux en vert

Colorie le numéro quatre en violet
Colorie le numéro six en blanc
Colorie le numéro sept en marron
Colorie le numéro neuf en noir
Colorie le numéro onze en gris
Colorie le numéro douze en rouge

10 Écris les numéros de téléphone

Allô ?! Ici le numéro trois, sept, six, cinq, un

3 7 6 5 1

Mon numéro de téléphone est le quatre, six, six, huit, deux

....

Vous êtes bien au numéro six, cinq, un, un, trois

....

Mon numéro de téléphone est le sept, trois, huit, neuf, deux

....

Allô ?! Ici le numéro un, trois, cinq, sept, neuf

....

Mon numéro de téléphone est le deux, quatre, six, huit, neuf

....

Quel est ton numéro de téléphone ?

....

Suis le fil et découvre qui parle à qui | **11**

Didier parle à ....

Martine ....

Françoise ....

12

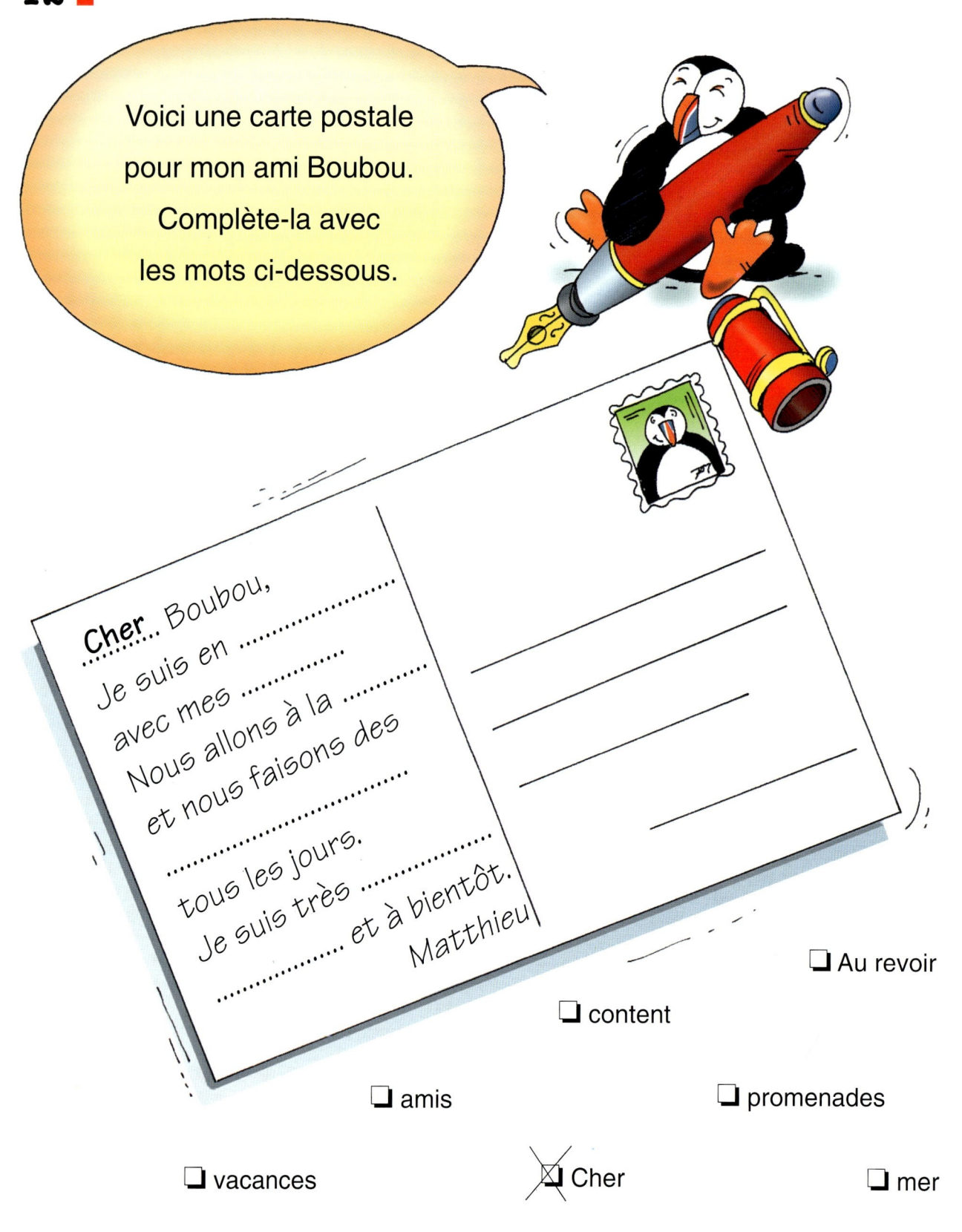

Voici une carte postale pour mon ami Boubou. Complète-la avec les mots ci-dessous.

Cher Boubou,
Je suis en .... avec mes .... Nous allons à la .... et nous faisons des .... tous les jours. Je suis très .... et à bientôt.
Matthieu

❏ Au revoir
❏ content
❏ amis
❏ promenades
❏ vacances
☒ Cher
❏ mer

Voici deux cartes postales à envoyer à tes amis   13

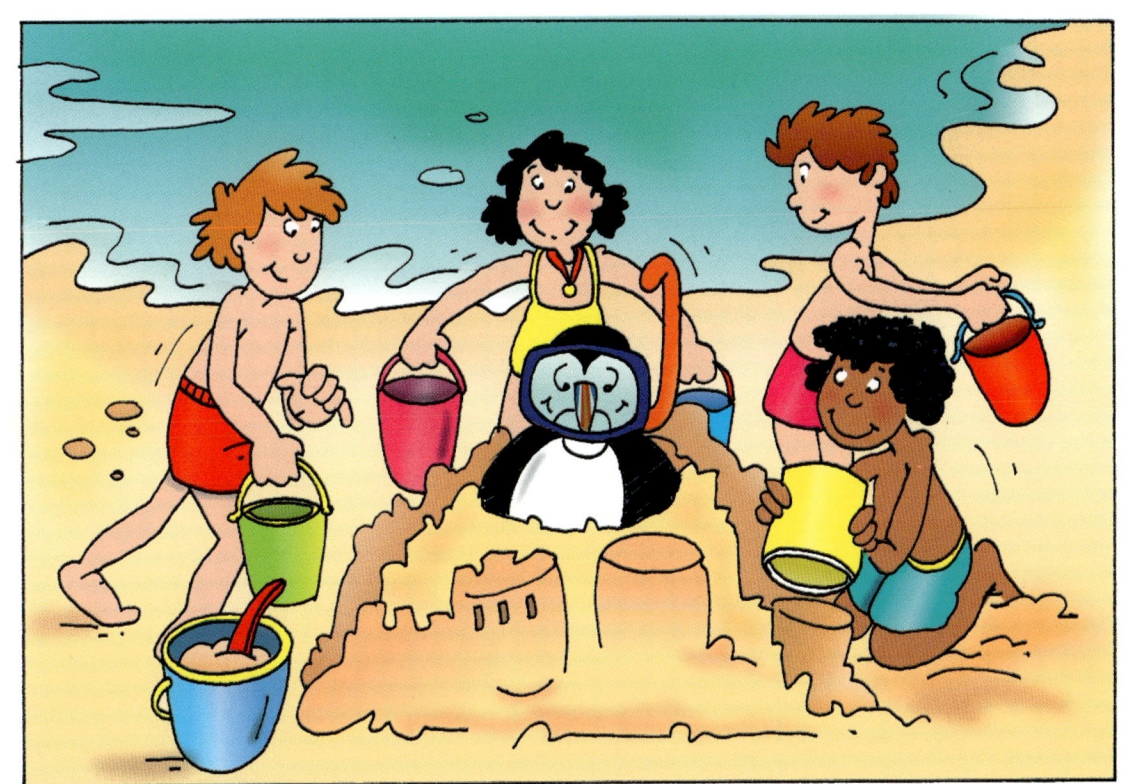

14

Quelle heure est-il ? | 15

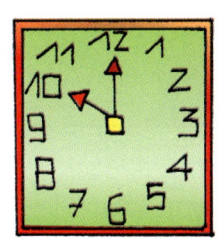

Il est deux heures

Il est six heures

Il est huit heures

Il est trois heures

Il est sept heures

Il est neuf heures

Il est midi

Il est quatre heures

Il est onze heures

Il est dix heures

Il est cinq heures

Il est une heure

16 Écris les formules de salutation dans les bulles

☒ Salut, Thierry !   ❏ Bonne nuit !   ❏ Bonjour, Marc !

❏ Bonjour !   ❏ Au revoir !   ❏ Salut, à demain !   ❏ Bonsoir !

Regarde le dessin et réponds | **17**

Bonne nuit, Matthieu !

	VRAI	FAUX		VRAI	FAUX
Il est neuf heures	☒	❏	Il y a un stylo sous le lit	❏	❏
Il y a un chat derrière la porte	❏	❏	La porte est fermée	❏	❏
C'est le matin	❏	❏	Matthieu mange	❏	❏
Il y a un téléphone	❏	❏	L'éléphant est vert	❏	❏

18 **Lis l'heure et dessine les aiguilles sur les pendules**

Didier se réveille à sept heures.

À huit heures, il prend son petit déjeuner.

À dix heures, il fait du vélo.

Il déjeune à midi.

À quatre heures, il va au jardin public et lis.

À six heures, il joue au tennis.

À huit heures, il soupe.

À dix heures, il se couche.

Les loisirs | **19**

nager  | jouer au tennis  | faire du vélo  | faire du cheval

patiner  | jouer sur l'ordinateur  | regarder la télévision  | lire

se promener  | dessiner  | chanter  | jouer au foot

Quels sont tes loisirs ?

J'aime...  | Je n'aime pas...

20 | Écris les noms des loisirs dans la grille

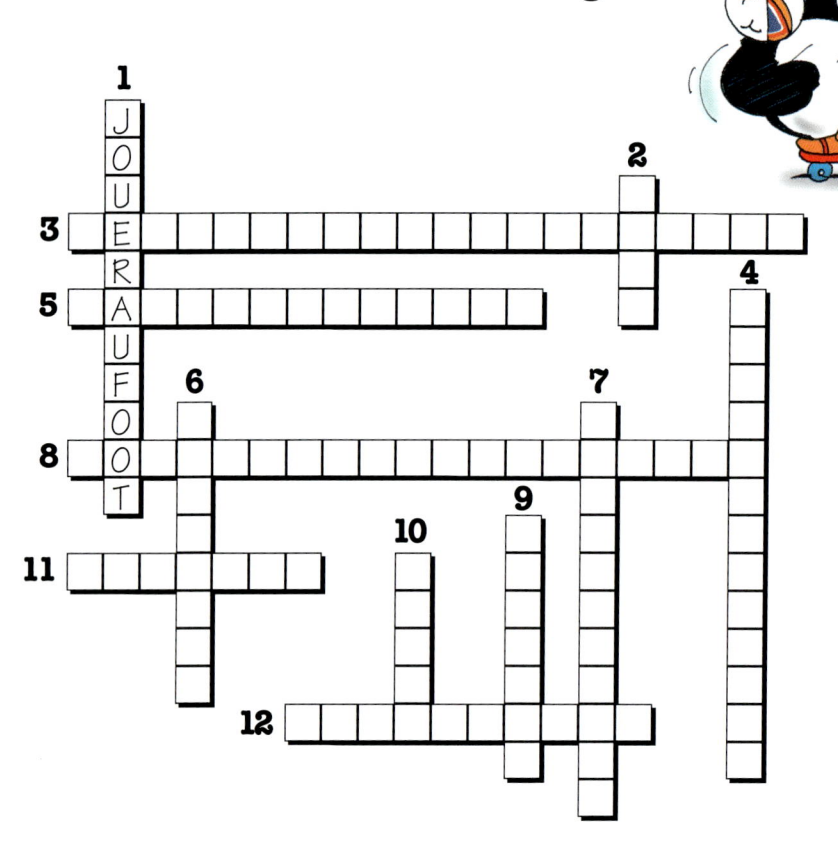

1. JOUERAUFOOT (down)

Suis les parcours. Où vont-ils ? **21**

22 Quel jour sommes-nous ? Écris les phrases dans les bulles

Aujourd'hui, c'est lundi

Aujourd'hui, c'est dimanche

- ❏ Aujourd'hui, c'est vendredi
- ❏ Aujourd'hui, c'est mardi
- ❏ Aujourd'hui, c'est jeudi
- ☒ Aujourd'hui, c'est lundi
- ❏ Aujourd'hui, c'est samedi
- ❏ Aujourd'hui, c'est mercredi

Trouve les noms des jours de la semaine dans la grille

```
S A L U R S A M E D I C
M A R D I M D L U A B R
M A C S F D I U G V V A
E (L U N D I) M R A E E E
R B I Y C L A T R N U I
C P A O U N N E L D R O
R S U E G F C H I R D I
E F G H U O H J L E J S
D M A I G E E N T D I D
I U O A J E U D I I R E
```

Utilise le code secret de la page 3 et lis le message de Matthieu

....

....

....

24 Regarde le dessin et compte les objets

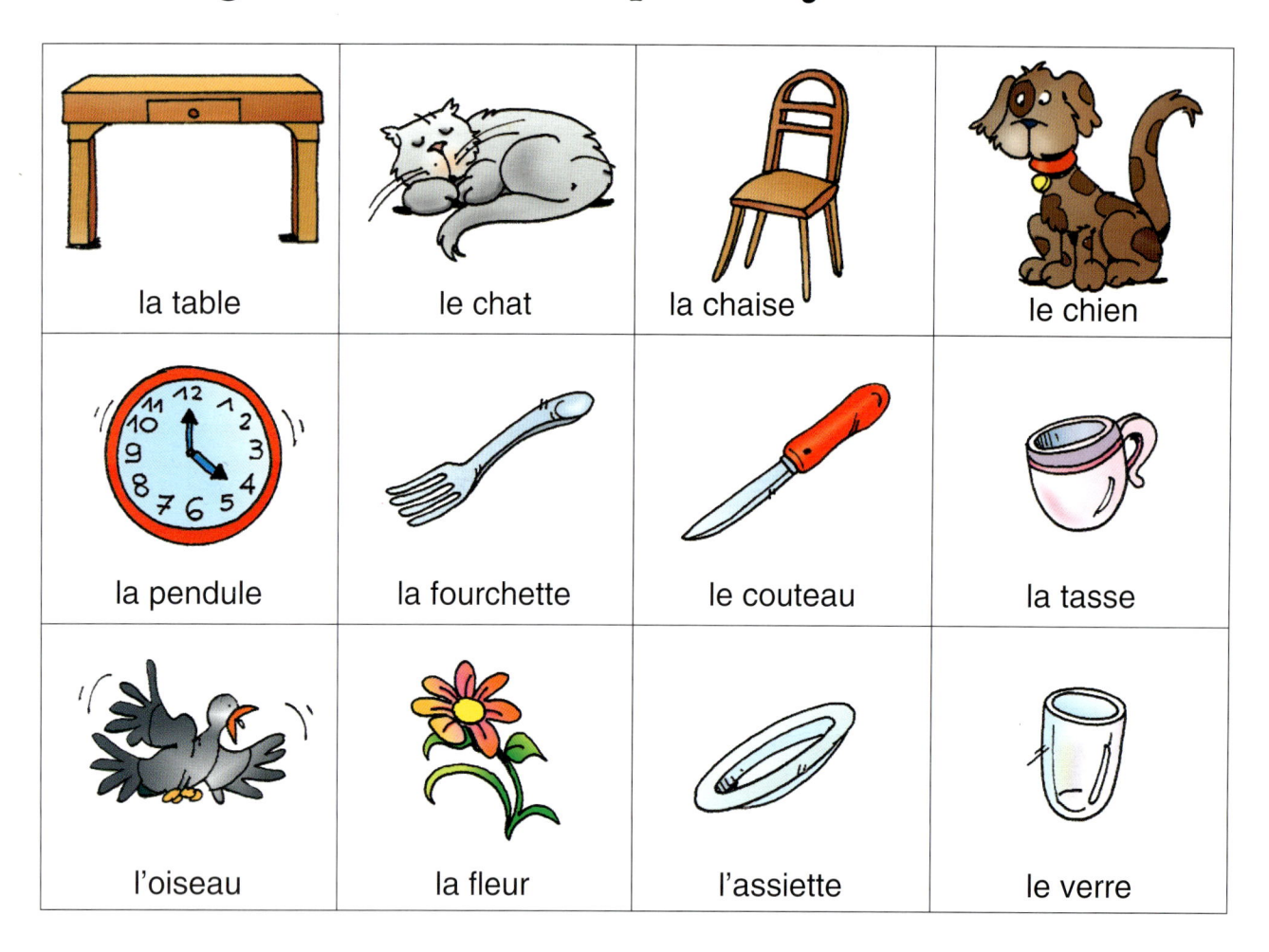

la table	le chat	la chaise	le chien
la pendule	la fourchette	le couteau	la tasse
l'oiseau	la fleur	l'assiette	le verre

Combien de fourchettes vois-tu ?   *Je vois six fourchettes.*
Combien de fleurs vois-tu ?
Combien de tables vois-tu ?
Combien de chats vois-tu ?
Combien de pendules vois-tu ?
Combien de couteaux vois-tu ?
Combien de tasses vois-tu ?
Combien d'oiseaux vois-tu ?
Combien de chiens vois-tu ?
Combien d'assiettes vois-tu ?
Combien de verres vois-tu ?
Combien de chaises vois-tu ?

25

26　Lis et réponds

Madame Fournier a douze assiettes.

Elle en casse six.

Quelqu'un lui en offre trois.

Elle en achète deux autres.

Mais elle en casse une.

Combien d'assiettes a Madame Fournier maintenant ? ....

Complète la grille 27

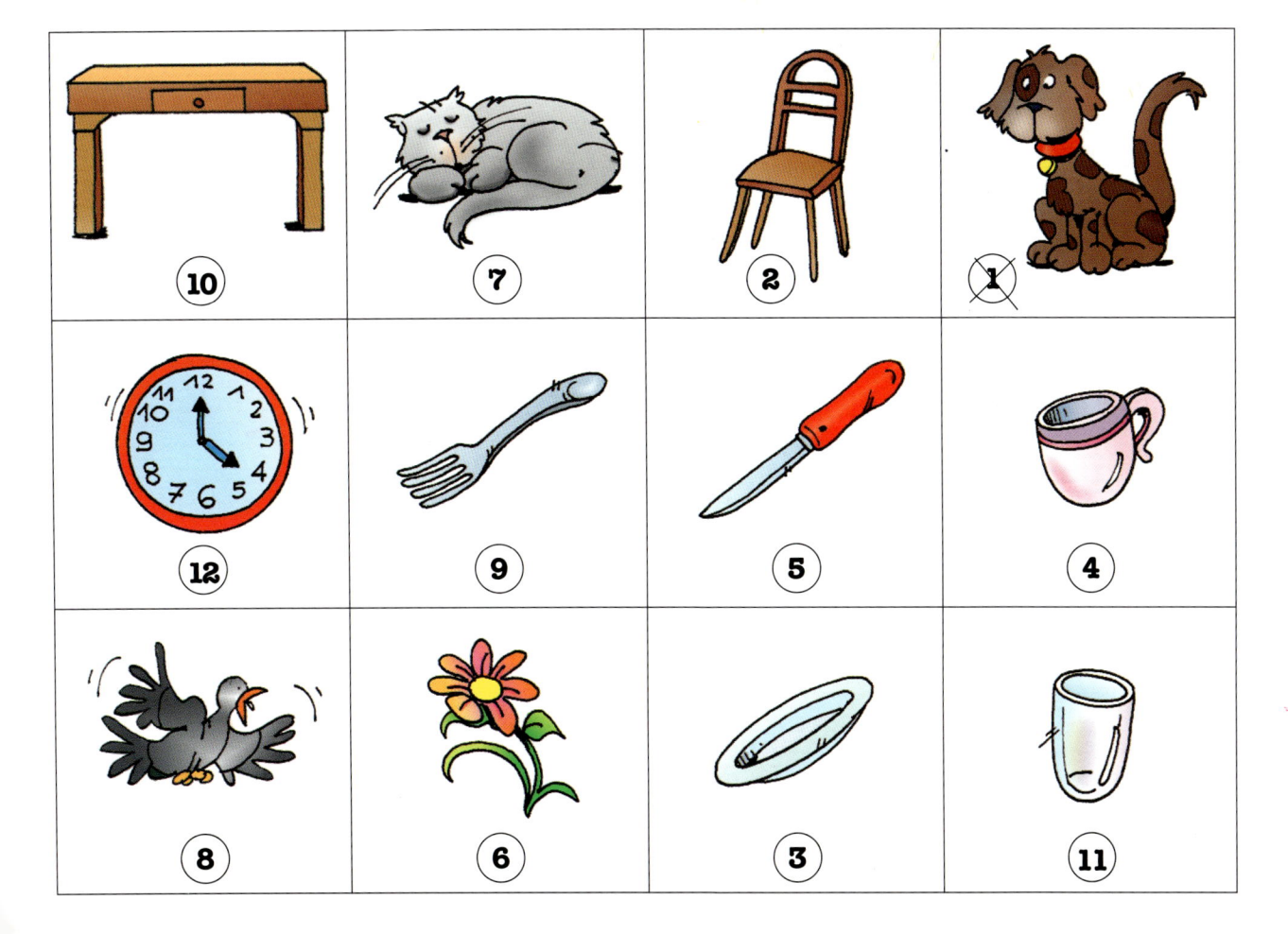

1. CHIEN

28 Déchiffre le message secret

A	B	C	D	E	F	G	H	I	J	K	L	M
1	2	3	4	5	6	7	8	9	10	11	12	13

N	O	P	Q	R	S	T	U	V	W	X	Y	Z
14	15	16	17	18	19	20	21	22	23	24	25	26

13 15 9 , 10 ' 1 9 13 5   12 5 19
M _ _   _   _ _ _ _   _ _ _

7 1 20 5 1 21 24   1   12 1
_ _ _ _ _ _ _   _   _ _

3 18 5 13 5   5 20   1 21 24
_ _ _ _ _   _ _   _ _ _

6 18 21 9 20 19 , 5 20   20 15 9 ?
_ _ _ _ _ _   _ _   _ _ _

Une recette : le lait-fruits | **29**

Il te faut :

des fruits   du lait   un couteau   un mixer

Épluche et coupe les fruits.

Mets un peu de lait dans le mixer.

Mets les fruits coupés dans le mixer.

Mixe le tout.

Ton lait-fruits est prêt ! Bon appétit !

30 | Écris et colorie ce que porte Matthieu

des lunettes de soleil

une bouée

un maillot de bain

1 _ _ _ _ _ _ _ _ _ _ _ _ _ _ _ _ _ _ _ _

2 _ _ _ _ _ _ _ _ _ _

3 _ _ _ _ _ _ _ _ _
  _ _ _ _ _ _

31

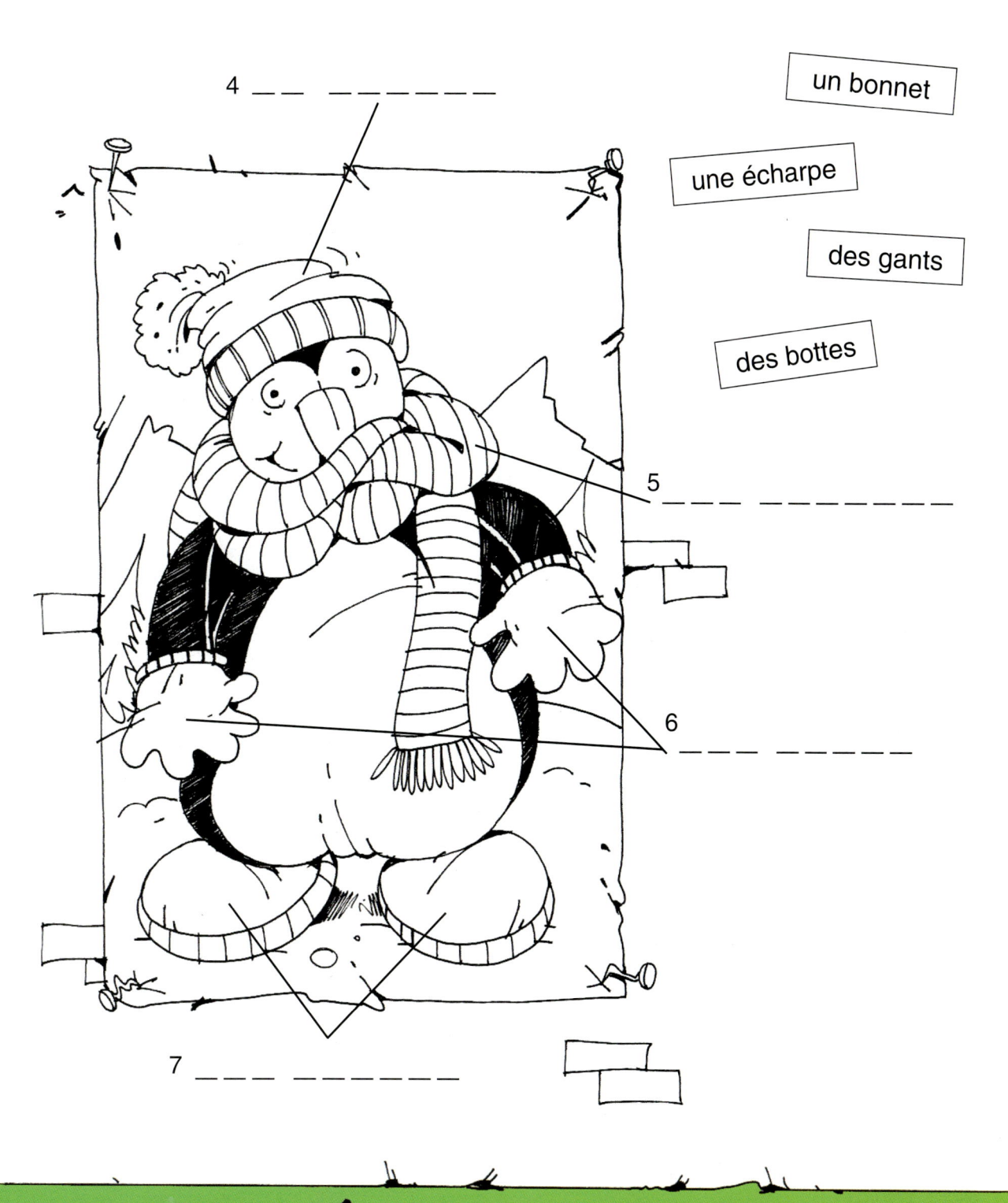

4 _ _ _ _ _ _ _ _ _

un bonnet

une écharpe

des gants

des bottes

5 _ _ _ _ _ _ _ _ _ _ _

6 _ _ _ _ _ _ _ _ _ _

7 _ _ _ _ _ _ _ _ _ _ _

32 | **Retrouve les noms de ce que porte Matthieu dans la grille**

U	D	B	O	U	E	E	H	B	X	U	L	E
R	E	C	H	A	R	P	E	N	L	S	U	I
M	E	L	N	A	D	T	L	J	Q	N	N	P
A	S	O	N	I	B	O	N	N	E	T	E	T
C	I	F	B	Q	L	V	S	P	V	M	T	N
L	B	O	T	T	E	S	P	F	U	I	T	A
C	P	L	A	G	A	N	T	S	L	A	E	S
M	O	J	A	I	M	R	A	I	B	E	S	I
M	A	I	L	L	O	T	D	E	B	A	I	N

Utilise le code secret de la page 3 et lis le message de Matthieu

....

....

....

Colorie le dessin et dis si c'est vrai ou faux | **33**

	VRAI	FAUX
Matthieu est à la mer.	☒	❏
Il porte des lunettes de soleil.	❏	❏
Il y a une bouée sous la chaise longue.	❏	❏
Il pleut.	❏	❏
Matthieu mange un gâteau.	❏	❏
Il y a un livre.	❏	❏
Matthieu porte un maillot de bain.	❏	❏
Il y a un ballon.	❏	❏

34 Observe le dessin et... réponds aux questions

Combien de chats vois-tu ?   *Je vois deux chats.*

Combien de petites filles vois-tu ?

Que font les deux petites filles ?

Combien de chiens vois-tu ?

Combien de petits garçons vois-tu ?

Combien de voitures vois-tu ?

De quelle couleur sont-elles ?

Combien de fleurs vois-tu ?

Que font les deux dames ?

Que fait le monsieur ?

Est-ce qu'il fait nuit ?

Que fait le chat sur le toit ?

36 Utilise le code secret de la page 3 et découvre où est la souris

Où est Matthieu ? | **37**

Matthieu est **sur** le ballon

Il est ....

38 Complète les mots en plaçant correctement les consonnes doubles

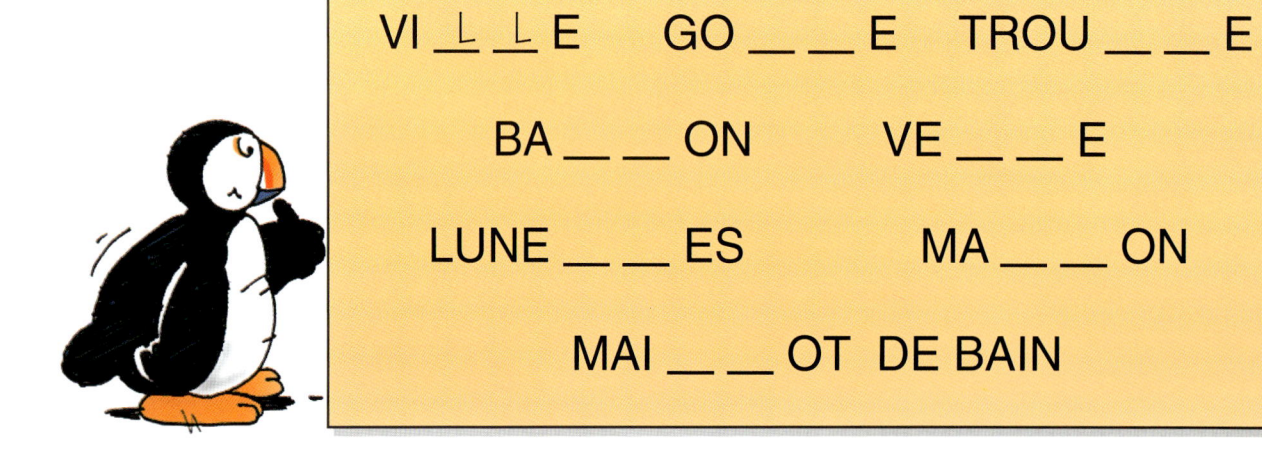

VI L L E   GO _ _ E   TROU _ _ E

BA _ _ ON   VE _ _ E

LUNE _ _ ES   MA _ _ ON

MAI _ _ OT DE BAIN

Quels objets du dessin A ne sont pas dans le dessin B ? | 39

La gomme

40 Découvre les mots mystérieux

C'est un vêtement.

T E N O
N B

B O N N E T

C'est une couleur.

G R A
N O E

_ _ _ _ _ _

Tu l'utilises à l'école.

S R T
E U
S O

_ _ _ _ _ _ _

C'est un mot utilisé pour saluer.

J B O R
O U
O N U

_ _ _ _ _ _ _

C'est un nombre.

Z U O
D E

_ _ _ _ _

C'est une activité de loisir.

R A N
I T E P

_ _ _ _ _ _ _

C'est un lieu.

I   J   N   D
 P   A
   L   U
B   R   I   U   C

_ _ _ _ _ _
_ _ _ _ _ _

C'est un jour de la semaine.

D   E   R   M
I   R   C   E

_ _ _ _ _ _ _ _

Cet objet se trouve dans la cuisine.

C   H   O   T   U
R   F   E   T   E
      O

_ _ _ _ _ _ _ _ _ _

Il se mange…

U   E   G
T   Â   A

_ _ _ _ _ _ _

42 Recompose les phrases

vacances.   est   Matthieu   en
Matthieu est en vacances.

Matthieu   vacances.   aime   les
....

aime   nager.   J'   beaucoup
....

préférée   rouge.   Ma   couleur   le   est
....

une   Dans   il y a   trousse,   gomme.   la
....

est   74.35.24.98.   téléphone   numéro   Mon   le   de
....

numéro   Quel   téléphone ?   de   est   ton
....

Quelle   sept   est   Il   heure   heures.   est-il ?
....

à la   les   crème   Matthieu   gâteaux   aime   et aux   fruits.
....

le   un   Il y a   lit.   sous   chat
....

à   déjeuner   prend   heures.   Marc   petit   son   neuf
....

Retrouve les mots de la liste dans la grille et lis le message — 43

- ☒ assiette →
- ☐ blanc ↓
- ☐ bleu ←
- ☐ bonjour →
- ☐ bonnet →
- ☐ bottes →
- ☐ bouée ↓
- ☐ chaise →
- ☐ chat ←
- ☐ chien →
- ☐ couleur →
- ☐ couteau ←
- ☐ crème →
- ☐ derrière →
- ☐ devant →
- ☐ dimanche ↓
- ☐ écharpe →
- ☐ école →
- ☐ fleur ↓
- ☐ foot →
- ☐ fourchette ↓
- ☐ fruit →
- ☐ gant ↓
- ☐ gâteau ↓
- ☐ gris →
- ☐ heure →
- ☐ jaune →
- ☐ jeudi →
- ☐ jour →
- ☐ lait →
- ☐ loisirs →
- ☐ lunettes →
- ☐ maison →
- ☐ mardi ↓
- ☐ mercredi →
- ☐ mixer ←
- ☐ noir ←
- ☐ oiseau →
- ☐ orange ←
- ☐ pendule ↓
- ☐ rose →
- ☐ rouge ↓
- ☐ salut ↓
- ☐ semaine ←
- ☐ stylo →
- ☐ table ↑
- ☐ tasse →
- ☐ trousse →
- ☐ vacances ↑
- ☐ verre ←
- ☐ vert ←

```
L A S S I E T T E E T A S S E D F E
P F E G N A R O R O I S E A U I L L
E L U N E T T E S A G T A H C M E B
N N M E R C R E D I A G R I S A U A
D F D E R R I E R E T R I O N N R T
U O C U A E T U O C E T R E V C B B
L U B O N J O U R A A U E L B H L O
E R I L O I S I R S U L A I T E A U
S C E R R E V C E C H A R P E E N E
S H T B O N N E T F B O T T E S C E
S E J A U N E A J E U D I R E X I M
E T C I H E U R E L F R U I T E R A
C T C H A I S E V D E V A N T S O E
N E M E N I A M E S C F O O T A U G
A M A A C O U L E U R J O U R L G A
C T R C H I E N T H E C O L E U E N
A I D T R O U S S E C R E M E T E T
V U I S T Y L O M A I S O N R O S E
```

Maintenant, lis les lettres restantes et découvre ce que dit Matthieu

44 Utilise le code secret de la page 3 et lis le message de Matthieu

Solutions | 45

Page 10

Allô ?! Ici le numéro trois, sept, six, cinq, un *37651*
Mon numéro de téléphone est le quatre, six, six, huit, deux *46682*
Vous êtes bien au numéro six, cinq, un, un, trois *65113*
Mon numéro de téléphone est le sept, trois, huit, neuf, deux *73892*
Allô ?! Ici le numéro un, trois, cinq, sept, neuf *13579*
Mon numéro de téléphone est le deux, quatre, six, huit, neuf *24689*

Page 11

Didier parle à Florent.
Martine parle à Pierre.
Françoise parle à Marie.

Page 12

Cher Boubou,
Je suis en *vacances* avec mes *amis*.
Nous allons à la *mer* et nous faisons des *promenades* tous les jours.
Je suis très *content*.
Au revoir et à bientôt.
Matthieu

Page 3

Salut ! Je m'appelle Matthieu. Je suis en vacances. J'aime les vacances, et toi ?

Page 4

Es-tu en vacances? *Oui.*
Comment t'appelles-tu? *Je m'appelle Robert.*
Quel âge as-tu? *J'ai 10 ans.*
D'où viens-tu? *Je viens de Paris.*

Page 7

1 - rouge, 2 - gris, 3 - marron, 4 - jaune,
5 - orange, 6 - violet, 7 - noir, 8 - rose, 9 - bleu,
10 - blanc, 11 - vert

Page 8

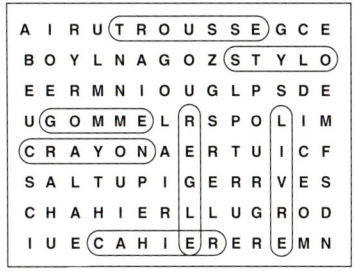

- un livre
- un stylo
- un crayon
- un cahier
- une trousse
- une gomme
- une règle

```
A I R U T R O U S S E G C E
B O Y L N A G O Z S T Y L O
E E R M N I O U G L P S D E
U G O M M E L R S P O L I M
C R A Y O N A E R T U I C F
S A L T U P I G E R R V E S
C H A H I E R L L U G R O D
I U E C A H I E R E R E M N
```

Page 15

Il est midi
Il est une …
Il est deux …
Il est trois …
Il est quatre ..
Il est cinq …
Il est six …
Il est sept …
Il est huit …
Il est neuf …
Il est dix …
Il est onze …

Page 9

1 - un, 2 - deux, 3 - trois, 4 - quatre, 5 - cinq,
6 - six, 7 - sept, 8 - huit, 9 - neuf, 10 - dix,
11 - onze, 12 - douze

Page 16 (Solutions possibles)

Salut, Thierry ! - Bonjour, Marc !
Bonjour ! - Bonsoir ! - Bonne nuit !
Au revoir ! - Salut, à demain !

Page 17

Il est neuf heures. - *vrai*
Il y a un chat derrière la porte. - *vrai*
C'est le matin. - *faux*
Il y a un téléphone. - *vrai*
Il y a un stylo sous le lit. - *faux*
La porte est fermée. - *faux*
Matthieu mange. - *faux*
L'éléphant est vert. - *faux*

Page 18

Didier se réveille à sept heures. - *7 h*
À huit heures, il prend son petit déjeuner. - *8 h*
À dix heures, il fait du vélo. - *10 h*
Il déjeune à midi. - *12 h*
À quatre heures, il va au jardin public et lis. - *4 h*
À six heures, il joue au tennis. - *6 h*
À huit heures, il soupe. - *8 h*
À dix heures, il se couche. - *10 h*

Page 20

1 - jouer au football
2 - lire
3 - regarder la télévision
4 - jouer au tennis
5 - faire du cheval
6 - dessiner
7 - faire du vélo
8 - jouer sur l'ordinateur
9 - chanter
10 - nager
11 - patiner
12 - se promener

Page 21

Marc rentre chez lui.
André va au jardin public.
Agnès va à la piscine.

Page 22

Aujourd'hui, c'est mardi.
Aujourd'hui, c'est mercredi.
Aujourd'hui, c'est jeudi.
Aujourd'hui, c'est vendredi.
Aujourd'hui, c'est samedi.

Page 23

S	A	L	U	R	S	A	M	E	D	I	C
M	A	R	D	I	M	D	L	U	A	B	R
M	A	C	S	F	D	I	U	G	V	V	A
E	L	U	N	D	I	M	R	A	E	E	E
R	B	I	Y	C	L	A	T	R	N	U	I
C	P	A	O	U	N	N	E	L	D	R	O
R	S	U	E	G	F	C	H	I	R	D	I
E	F	G	H	U	O	H	J	L	E	J	S
D	M	A	I	G	E	E	N	T	D	I	D
I	U	O	A	J	E	U	D	I	I	R	E

Que fais-tu le dimanche ?

Page 24

Combien de fleurs vois-tu ?
Je vois dix fleurs.
Combien de tables vois-tu ?
Je vois une table.
Combien de chats vois-tu ?
Je vois deux chats.
Combien de pendules vois-tu ?
Je vois cinq pendules.
Combien de couteaux vois-tu ?
Je vois sept couteaux.
Combien de tasses vois-tu ?
Je vois huit tasses.
Combien d'oiseaux vois-tu ?
Je vois neuf oiseaux.
Combien de chiens vois-tu ?
Je vois quatre chiens.
Combien d'assiettes vois-tu ?
Je vois onze assiettes.
Combien de verres vois-tu ?
Je vois douze verres.
Combien de chaises vois-tu ?
Je vois trois chaises.

Page 26

Combien d'assiettes a Madame Fournier maintenant ?
Elle a dix assiettes.

Page 27

1 - chien, 2 - chaise, 3 - assiette, 4 - tasse,
5 - couteau, 6 - fleur, 7 - chat, 8 - oiseau,
9 - fourchette, 10 - table, 11 - verre, 12 - pendule

Page 28

Moi, j'aime les gâteaux à la crème et aux fruits. Et toi ?

Pages 30-31

1 - des lunettes de soleil, 2 - une bouée,
3 - un maillot de bain, 4 - un bonnet,
5 - une écharpe, 6 - des gants, 7 - des bottes

Page 32

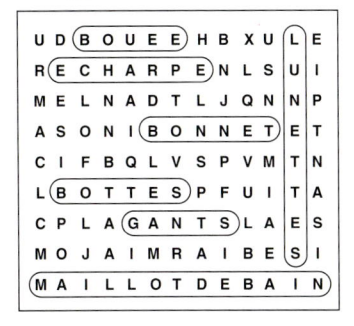

```
U D (B O U E E) H B X U  L  E
R (E C H A R P E) N L S U  I
M E L N A D T L J Q N N  P
A S O N I (B O N N E T)  E  T
C I F B Q L V S P V M T  N
L (B O T T E S) P F U I T  A
C P L A (G A N T S) L A E  S
M O J A I M R A I B E S  I
(M A I L L O T D E B A I N)
```

As-tu des lunettes de soleil ?

Page 33

Matthieu est à la mer. - *vrai*
Il porte des lunettes de soleil. - *vrai*
Il y a une bouée sous la chaise longue. - *faux*
Il pleut. - *faux*
Matthieu mange un gâteau. - *faux*
Il y a un livre. - *faux*
Matthieu porte un maillot de bain. - *vrai*
Il y a un ballon. - *vrai*

Page 35

Combien de chats vois-tu ?
Je vois deux chats.
Combien de petites filles vois-tu ?
Je vois trois petites filles.
Que font les deux petites filles ?
Elles font du vélo.
Combien de chiens vois-tu ?
Je vois deux chiens.
Combien de petits garçons vois-tu ?
Je vois quatre petits garçons.
Combien de voitures vois-tu ?
Je vois quatre voitures.
De quelle couleur sont-elles ?
Il y a une voiture rouge, une verte, une jaune, une bleue.

Combien de fleurs vois-tu ?
Je vois dix fleurs
Que font les deux dames ?
Les deux dames parlent
Que fait le monsieur ?
Le monsieur lit son journal
Est-ce qu'il fait nuit ?
Non, c'est jour
Que fait le chat sur le toit ?
Il dort

Page 36

❀ ✚ ◆ - sur
★ ○ ○ ❤ ♪ ❣ - devant
★ ❤ ♪ ❀ - dans
❀ ❑ ✚ ❀ - sous
★ ○ ◆ ◆ 🌱 ○ ◆ ○ - derrière

Page 37

Matthieu est *sur* le ballon
Il est *derrière* le ballon
Il est *sous* le ballon
Il est *devant* le ballon
Il est *dans* le ballon

Page 38

ville - gomme - trousse - ballon - verre - lunettes
marron - maillot de bain

Page 39

la gomme - l'assiette - le verre - la fourchette
la tasse - le cahier

Pages 40-41

C'est une couleur : orange
Tu l'utilises à l'école : trousse
C'est un mot utilisé pour saluer : bonjour
C'est un nombre : douze
C'est une activité de loisir : patiner
C'est un lieu : jardin public
C'est un jour de la semaine : mercredi
Cet objet se trouve dans la cuisine : fourchette
Il se mange… : gâteau

Page 42

Matthieu aime les vacances.
J'aime beaucoup nager.
Ma couleur préférée est le rouge.
Dans la trousse, il y a une gomme.
Mon numéro de téléphone est le 74.35.24.98.

48

Quel est ton numéro de téléphone ?
Quelle heure est-il ? Il est sept heures.
Matthieu aime les gâteaux à la crème et aux fruits.
Il y a un chat sous le lit.
Marc prend son petit déjeuner à neuf heures.

Page 43

Le français, c'est facile avec Matthieu.

Page 44

Les vacances sont terminées. Je suis bien amusé. Et toi ? Au revoir !